GRAND BAL
DE LA
DOVAIRIERE
DE BILLEBAHAVT.

BALLET DANSE' PAR
sa Majesté.

BALLETS D'ATABALIPA,
& Peuples d'Amerique.

LES bruits qui portent esgallement sur leurs aisles les secrets des plus petites escholles, aussi-bien que les manigances des plus grands Monarques, n'ont pas espargné leur diligence à répandre parmy les diuerses parties du Monde les merites de la DOVAIRIERE de BILLEBAHAVT; laquelle pour accueillir les honnestes recherches du FANFAN de SOTTE-VILLE, assemble le grand

A

Bal à la maniere de ſes Anceſtres, pour recognoiſtre les geſtes de ſon Galand, & controller le maintien des Eſtrangers qui arriuent de tous coſtez, en la forme qui s'enſuit.

S'il eſt donc vray que la promptitude des bruits reſueille la curioſité de tant de gens? quelle force n'a point la Renommée, qui penettre les tombeaux, & r'aſſemble les cendres diſperſées pour leur donner vn nouuel eſtre. Voicy ſa puiſſance qui eſclatte en l'arriuée d'ATABALIPA, Roy de CVSCO, lequel ayant enuoyé ſon Recit deuant luy, reuient ſur la terre, & paroiſt dans la Salle du LOVVRE, porté à la façon de ſa contrée, à la teſte d'vne trouppe d'Ameriquains, leſquels ayant l'honneur de danſer vn Ballet auec luy, animent leur diſpoſition par la preſence de leur Chef inanimé. Quelqu'vn dira que ces gentils Ameriquains ne ſont habillez que de plumes; mais pour cela ne les rejettez pas, puis que comme legers ils excuſeront facilement les legeretez d'autruy.

Recit des Ameriquains.
Entrée d'Atabalipa.

Ballet d'Ameriquains.

Ceux-là n'ont pas pluſtoſt monſtré la plante des pieds à la Compagnie, qu'vne troupe de Perroquets monſtrent leur bec aux portes du Theatre : Et bien qu'ils feroient, peut-eſtre, meilleurs cauſeurs en cage, que bons danſeurs deuant les Dames ; ſi ne laiſſent-ils de ſe glorifier en leur bonne ou mauuaiſe danſe, à cauſe de leur plumage vert, qui les couure d'eſperance d'eſtre bien ou mal reçeus. Mais helas ! les Chaſſeurs naturels du païs arriuent chargez d'inſtrumens preparez à leur ruïne ; ils leur preſentent vne eſpece de Muſique, dont le ſon les amuſe, le bruit les eſtonne, & ne ſçauent s'ils doiuent eſcouter ou fuïr ; tellement que les vns penſent trouuer leur azile dans les filets que leurs propres ennemis leur ont tendus : les autres qui rencontrent leurs eſpeces dans les miroüers, y croyent trouuer la ſeureté de leur vie, ſans s'aduiſer que la cruelle main du Chaſſeur les attrappe. Lors il ne leur reſte autre eſperance que de ſeruir d'honorable mets ſur la table de leur Roy, dequoy encores ils

Ballet des Perroquets.

Ballet des Preneurs de Perroquets.

demeurent trompez, puis que n'eſtant qu'vn ombre il ne ſe repaiſt que d'air.

Mais cependant que les Chaſſeurs emportent leur proye, ils ne ſongent pas que les extrauagantes ANDROGINES prennent leur place ; leſquelles pour garantir leur Ballet des atteintes de nos Cenſeurs, mettent en comparaiſon le pas terre à terre, auec le diſpoſt : Elles portent comme femmes la quenoüille, & comme hommes la maſſuë, pour filer d'vn coſté & aſſommer de l'autre.

Ballet des Androgines.

VERS DES BALLETS DE L'AMERIQVE.

Par le sieur Bordier, ayant charge de la Poësie pres de sa Majesté : lesquels Vers ne regardent principallement que les Recits de la Musique, & les personnages du Roy, des Princes & Seigneurs.

ATABALIPA SVIVY DES PEVPLES
& Coustumes de l'Amerique.

RECIT.

E suis l'effroy des puissans Roys,
A qui ie laisse pour tout choix
La gloire de me rendre hommage ;
Et vais reduire les Mortels
A ne chercher plus les Autels
Que pour adorer mon Image.

   Neptune flatte mon courroux,
L'orgueil de Mars est à genoux
Lors que ma fureur est armée ;
Et le Soleil ne luit aux Cieux,

Que pour guider en mille lieux
Les courriers de ma Renommée.

Mais! ô que dans les grands Estats,
L'ambition des Potentats
Trouue d'embusches dans sa routte;
Quand i'ay terre & mer surmonté,
Inuincible ie suis domté
Par vn Enfant qui ne voit goutte.

MONSIEVR LE COMTE
representant l'vn des Ameriquains.

BEautez qui me voyez paroistre à cœur ouuert,
  Au rang des inconstans & des plus infidelles:
Encore que mon corps soit de plumes couuert,
Mon amour n'a point d'aisles.

Monsieur le Comte d'Harcourt,
representant vn Androgine.

QVelle gloire eut iamais de plus augustes marques,
  Le fuzeau que ie tiens est le fuzeau des Parques,
Par qui des Rodomons ie deuide les iours;
Leur audace où ie suis est en vain occupée,
Affin de la trancher sans espoir de secours
I'ay de la main de Mars ceste fameuse espée.

RECVEIL DE VERS
de quelques beaux Esprits, qui ont trauaillé pour les particuliers.

ATABALIPA ROY DE CVSCO.

Qvelqu'vn dira peut estre, au lieu de me loüer,
Que si l'on voit ma teste en grosseur non com-
  mune,
C'est à cause qu'elle a des chambres à loüer,
Pour loger en tout temps la follie & la lune.
 Mais las ! i'ay tant de soin pour estre possesseur
D'vne ieune merueille, à nulle autre seconde;
Qu'il faut bien que ma teste ait beaucoup de grosseur,
Puis que ie mets dedans tous les soucis du monde.
 O beauté, beau suiect de ioye & de tourment,
Et qu'auec tant d'amour tous les iours ie recherche;
Chere Olinde aymons-nous iusqu'au iour seulement
Que l'on sçaura pourquoy ie suis sur vne perche.
DE L'ESTOILLE.

Atabalipa Roy de Cusco.
AV ROY.

J'AY quitté mon seiour, & ce que i'y possede,
 De biens, de gloire & de pouuoir,
Pour posseder vn bien à qui tout autre cede,
 Qui naist de celuy de te voir.

Honneur que ie tiendray toufiours incomparable ;
Puis que pour comble de ce bien,
Ie trouue en tes païs ce Soleil adorable,
Qui fait que l'autre n'eſt plus rien.
Je voy les yeux diuins de ceſte Doüairiere,
Qui font aduoüer aux mortels,
Que les autres attraits trouuent vn cimetiere,
Quand les ſiens trouuent des autels.
Belles qui rauiſſez, voſtre gloire eſt rauie,
Vne autre a maintenant ſon tour,
Ceſte Cypris vous doit faire mourir d'enuie,
Ou ſon Adon mourir d'amour.   IMBERT.

Autres Vers pour Monſieur le Comte.

DE ces riches climats les derniers découuerts,
De ces fertilles champs qui n'ont iamais d'hyuers;
Ie me ſuis venu rendre aux priſons de Cloride :
I'ay par terre & par mer cheminé nuict & iour ?
Et n'ay voullu qu'Amour,
Tout aueugle qu'il eſt, pour Pilote & pour guide.
On ne peut ignorer quels eſtoient les plaiſirs,
Dont ces lieux innocens contentoient mes deſirs;
Nos terres ny nos mœurs ne ſont plus incogneuës :
C'eſt là qu'on trouue aux cœurs de la fidelité,
Et que la liberté
Fait voir, comme les corps, les ames toutes nuës.

C'eſt

C'est la seule contrée où le siecle doré,
Malgré l'ire des Dieux est tousiours demeuré ;
C'est là que des respects la contrainte est banie ;
C'est là qu'on voit l'honneur, la honte, & le deuoir,
   Sans nom & sans pouuoir,
Et l'amour absolu regner sans tyranie.

  Toutesfois ces apas ne sçeurent m'arrester,
Depuis le premier iour que i'entendis vanter
L'astre dont la clairté n'eut iamais de seconde ;
Et de qui l'on verra les rayons glorieux
   Faire le tour des Cieux,
Comme sa renommée a fait le tour du monde.

  Ie sçay que ie pouuois auecque peu d'efforts,
Establir mon Empire au delà de ses borts,
Où la gloire d'Alcide esleua ses colonnes ;
Mais l'espoir de seruir cette diuinité
   Fut vne vanité
Qui me fit preferer les chaines aux coronnes.

  Ses attraits sont si plains d'aymables qualitez,
Que lors qu'on la compare aux plus rares beautez,
Dont les siecles passez ont laissé la peinture ;
Ne confesse-ton pas, exempt de passion,
   Que la perfection
N'estoit point deuant elle au pouuoir de nature.

        R.

POVR LES PERROQVETS.

Aux Dames.

CE n'est point la legereté
   Qui nous fait desguiser en ces formes nouuelles;
Pour nous rauir la liberté,
Amour que nous suiuons nous a donné ces aisles.
   Dedalle sortit de prison
S'attachant sur le dos vn semblable plumage;
Mais nous pour quelque autre raison,
Ce qui l'en fit sortir nous fait entrer en cage.
   Nous tenons à felicité
D'estre pris dans vos rais, où il faut que l'on meure;
Puis qu'en perdant la liberté
Nous auons celle-là de parler à tout heure.
   Si nous auons trop de caquet,
Et si nostre discours se porte à la licence,
Feignez d'entendre vn Perroquet
Qui parle incessamment, & qui iamais n'offence.
                                   IMBERT.

II
Pour les Ameriquains chassans aux Perroquets auec des miroüers & des rets.

Quel Dieu contraire à nos esbats,
 Fait que nostre poursuitte est vaine;
Et que sans prendre rien qu'vne inutile peine
Nous perdons le temps & nos pas.
 Les Perroquets fuyent de nous,
 En vain des miroüers on leur monstre;
Leur fuitte nous apprend qu'ils ont fait vn rencontre
D'autres qui leur semblent plus doux.
 Cessons desormais d'esperer,
Tous nos miroüers n'ont plus de force,
Ceux de tant de beaux yeux ont biẽ vne autre amorce
Pour les induire à se mirer.
 Belles, nous quittons les forests,
Iugeans que ces oyseaux volages
Aymeront beaucoup mieux estre pris dans vos cages,
Que se prendre dans nos rets.
IMBERT.

BALLETS
DV GRAND TVRC,
& Peuples d'Asie.

Es Ballets de l'Amerique ne font pas pluftoft acheuez, & à peine les violons ont tiré le long coup d'archet, qui tefmoigne que l'inuention paffée en r'apelle vne autre, que le Recit des Peuples d'ASIE chante ce qu'il luy plaift. Il eft fuiuy des Porteurs de l'Alcoran qui marchent deuant MAHOMMET, lequel vient apres en pas niayfement graues; fon Turban & fa fcience jaune & verte, ne luy enfeigne pas mieux que de raifon l'entrejan de nos Ballets: Et l'on ne peut veritablement croire qu'il ait apris à danfer à Paris. Il attire apres foy le Ballet des Docteurs de fa Loy, qui font combattus par les raifons de quelques Perfiens, aufli fçauans les vns que les autres: icy les coups de poings fuppléent au deffaut de la doctrine; tel ne peut r'enuerfer l'efprit de fon compagnon, qui luy

Recit des Peuples d'Afie.

Entrée de Mahõmet

Ballet des Docteurs Turcs.
Ballet des Docteurs Perfiens.

donne

donne la jambe pour le jetter par terre :
C'est à qui gaigne pert; & les coups de liure s'impriment mieux sur leur teste, que les arguments dans leur ceruelle.

 La confuse retraicte des vns & des autres, laisse la Salle libre aux PICLERS ou Lacquais du grand Turc, qui dansent vn Ballet pour aduertir la Compagnie de l'arriuée de leur Maistre; lequel paroist à cheual, bouffonnement orné de son graue maintien & en bonne posture, sans auoir esté dressé au pillier. S'il suit de fort pres à cheual son Pedant à pied, c'est qu'il craint que sa pompe ne soit estimée moindre que celle du Pont-neuf; ou qu'au lieu d'estre nommé le grand Dominateur d'Asie, les médisans de ceste contrée l'appellent pire que Turc. Il met pied à terre pour attendre les Dames de son Serrail, qui entrent aussi couuertes de fard que pleines d'appas, pour danser leur Ballet deuant luy : puis selon l'ancienne coustume des grands Turcs, il jette le mouchoir à celle qui doit estre Sultanne. Il la prend par la main, & d'vne mine cruellement

Ballet des Piclers ou Lacquais du grand Turc.

Entrée du grand Turc.

Ballet des Dames du Serrail.

D

douce, la meine en danfant. **Les autres** Dames que l'occafion chauue remet entre les mains de la rage, qui deuient maiftreffe de leur fens, fe foubmettent aux leçons de cefte cruelle Baladine, qui leur aprend à marquer auec leurs pieds la cadance du martel de leur tefte.

Autre Ballet des Dames du Serrail infenfées. Mais cét attiral d'efprits jaloux, qui fe peuuent dire reduites au neant, eftant hors de foy, ne fçauent fi le cofté des Reynes eft le Theatre, fi les fenestres font les portes, ou fi la Salle du Louure eft vn Amphitheatre à combattre les Pantheres ; ce qui les trouble tellement, que fi elles s'en retournent du cofté d'où elles font parties, c'eft faute de fçauoir qu'elles en font venuës, & manque de trouuer party ailleurs.

VERS DES BALLETS DE L'ASIE.

Par le sieur Bordier, ayant charge de la Poësie pres de sa Majesté : lesquels Vers ne regardent principallement que les Recits de la Musique, & les personnages du Roy, des Princes & Seigneurs.

LE GRAND TVRC.

RECIT.

Ie regne à la source du iour,
Où le Soleil me fait la Cour
Dans vn Empire plein de charmes;
La fortune suit mon ardeur,
Et le Dieu Mars ne prend les armes
Que pour les consacrer aux pieds de ma grandeur.
   Vne heroïque passion
Fait luire mon ambition
Dans les miracles de la guerre:
Mon Trôsne est au dessus des Roys;

E

Ie fais trembler toute la Terre,
Et contrains l'Ocean de reuerer mes Loix.
  Ma puissance imite le cours
De la Mer qui marche tousiours
D'vn pas fatal à la contraincte:
Mais quoy? ces titres inoüis,
Ne m'exemptent pas de la crainte
D'accroistre quelque iour les palmes de LOVIS.

Mahommet representé par le sieur Baronnat, suiuy des Peuples & Coustumes d'Asie.

PRophete que ie suis, ô merueilleux effets,
  I'ay l'honneur de seruir vne ieune Merueille:
En ce gain amoureux la perte que ie fais,
C'est qu'au lieu d'vn pigeon i'ay la puce à l'oreille.

LES DOCTEVRS TVRCS.

Monsieur de la Rocheguyon.

DOcteur ie ne perds point le temps
  A chercher dans ma Biblioteque,
Le moyen de rendre contens
Tous les Pelerins de la Mecque,
Qui vont sçauoir si Mahommet
Leur tiendra ce qu'il leur promet.

Monsieur de Liancourt.

MEs suiuans n'ont peu dauantage,
　Ma doctrine est vn entretien
Qui donne le Ciel en partage,
Mais ie ne suis garend de rien

Les Gentils-hommes Persans lettrez.

LE ROY.

IE viens comme Persan, Docteur & Gentil-homme,
　Ne m'en croyez pas moins de la Foy protecteur:
Vn Turban sur le Chef du Fils aisné de Rome,
Est tel qu'vn mauuais liure en la main d'vn Docteur.

Monsieur le Premier.

VEnez trouuer vostre bon-heur,
　Beautez, à qui le point d'honneur
Embarrasse la phantaisie;
Ie suis vn Docteur de la Cour,
Né pour combattre l'heresie
Qui répugne à la Loy d'Amour.

Monsieur le Commandeur de Souuray.

IE ne suis point de ces Docteurs
Qui remplissent leur gibessiere;
Car si i'ay quelques bons Autheurs
Ils sont tout couuerts de poussiere.

RECVEIL DE VERS
de quelques beaux Esprits, qui ont trauaillé pour les particuliers.

Les Porteurs de l'Alcoran de Mahommet.

SI des-ja quelque curieux
Nous suit comme des demy-Dieux
Qui sçauent tout ce qui doit estre;
Le croyez vous impertinent,
Puis que nous auons maintenant
Tout le sçauoir de nostre Maistre?
    Mais quelle erreur de s'engager
A nous venir interroger
Sur ceste doctrine nouuelle,
Car nous n'en sçauons pas trois mots:
Nous l'auons tousiours sur le dos,
Et iamais dedans la ceruelle.

SOREL.

Mahommet.

Quel rang ne dois-je point tenir?
Est-il quelqu'vn qui ne me prise?
Horsmis les choses à venir,
Il n'est rien que ie ne predise.

Tant plus les broüillars sont espais,
Moins on voit clair dessus la terre;
Et quand vous n'auez point la paix
Vous auez la trefue ou la guerre.

Par mon art que l'on doit cherir,
Bien plus qu'on ne se persuade,
Quand vn homme est prest à mourir
Ie preuoy qu'il est fort malade.

Ce que ie voy m'est descouuert,
Ie ne trompe point sans finesse;
Et mon vestement jaune & vert,
Monstre assez quelle est ma sagesse.

Ie suis tousiours dessous les Cieux;
Où ie demeure ie m'arreste:
Et ie n'ay iamais eu les yeux
Attachez ailleurs qu'à la teste.

Tous ceux qui sont contens de moy,
N'ont pas grand subject de s'en plaindre:
Et quiconque obserue ma Loy
Hors-mis l'enfer ne doit rien craindre.

Ie rends tous les Turcs refioüis;
Et tant de force en eux i'affemble
Qu'au feul bruit du nom de LOVIS,
Il n'eſt pas vn d'eux qui ne tremble.
 Vn iour ce Monarque indompté;
Dont la valeur n'a point d'exemple,
Doit faire boire à ma fanté
Tous fes foldats dedans mon Temple.
DE L'ESTOILLE.

Les Docteurs de la Loy de Mahommet.

Nous fommes de fçauans Docteurs,
 Sans auoir iamais leu d'Autheurs,
Inſtruits aux Loix du Ciel auſſi-peu qu'aux pro-
  phanes:
Nos efcrits expliquez en diuerfes façons,
Seruent toutesfois de leçons
Dans l'vniuerfité des afnes.
 Nous cherchons touſiours les debats,
Soit au repos foit au repas,
Autant que nous fuyons l'vfage des harangues:
Et pour faire durer la difpute au befoin,
Nous commençons à coups de poing
Quand nous ceſſons à coups de langues.
IMBERT.

Les Persiens disputans contre les Docteurs.

CEs Docteurs à platte cousture,
Qui pour nous charger d'imposture,
D'innombrables erreurs surchargent leurs cerueaux;
Voulans par des discours estranges
Nous tesmoigner qu'ils sont des Anges,
Treuuent mille tesmoins qu'ils ne sont que des veaux.
Si l'art de la Philosophie
Où leur impudence se fie,
Les fournit en tout temps de points vrais ou douteux;
Pour rembarrer ces bestes brutes
Dans la chaleur de nos disputes,
La nature au besoin nous en fournit de deux.
Nous leur ferons tousiours la guerre,
Puis que par les loix de leur terre
On deffend aux humains ce que le Ciel permet :
Et d'vne audace sans pareille
Nous irons planter vne treille
Dans le temple où leurs vœux adorent Mahommet.

IMBERT.

Les Piclers ou Lacquais du grand Turc.

BEautez, dont l'œil nous enforcelle,
Si nous courrons d'vn pied leger;
C'est qu'affin de nous descharger
Vous nous auez osté le cœur & la ceruelle.
　Aussi n'est-il pas necessaire
Que pour cheminer vistement,
Sans nous lasser aucunement,
Nous ayons vn démon, ou quelque caractere.
　Ce sont vos graces immortelles
Qui nous font ce bien precieux;
Et pour courrir encore mieux
L'Amour qui nous cherit nous à presté ses aisles.
SOREL.

Pour le Grand Turc.

O Celestes beautez, dont les yeux ont des traits
　Qui domptent tout le monde, & font qu'il vous adore;
Le corps de ce grand Turc n'a pas beaucoup d'attraits :
Mais quant à son esprit, il en a moins encore.

Il est tousiours par tout, ou bien ou mal reçeu;
Tout aussi-tost qu'il marche, aussi-tost il chemine,
Et bien que deuant vous il paroisse bossu,
Il n'en est pas plus droit, ny de meilleure mine.
 Ceux qui de la vertu n'oseroient s'approcher.
Ne cessent de le suiure en quelque part qu'il aille;
Et ie croy qu'il est d'ambre, au lieu d'estre de chair:
Car il attire à luy tous les hommes de paille.
 C'est toy seul, Grand LOVIS, dont les armes
  vn iour
Abbattront son Croissant ayant fait sa conqueste:
Mais tes soldats faisant à ses femmes l'amour,
L'auront en peu de temps, replanté sur sa teste.
DE L'ESTOILLE.

Le Grand Turc.

AV ROY.

SOrtant des bornes de l'Asie,
Ie suis entré en frenaisie
Entrant dans ton Royaume & voyant tes sujects:
I'ay creu tous mes pays reduits souz ta conqueste,
Et qu'en marque de ces projects,
Beaucoup des tiens portoient mes armes sur la teste.
G

Mais i'ay sçeu durant mon séjour,
Apres m'estre informé des mœurs de ceste terre,
Que ces effets naissoient des causes de l'Amour,
Et non de celles de la guerre:
Si bien que r'appellant mes sens,
Et trouuant la raison conforme à l'apparence,
I'ay creu puis qu'on voyoit tant de Soleils en France,
Qu'on pouuoit bien y voir aussi tant de Croissans.
IMBERT.

Pour les Eunuques.

Que vois-je icy? sont-ce des corps
Qui soient viuans comme nous sommes,
Ou des souches que par ressors
On fait danser en habit d'hommes.
O beautez, beaux soleils des ames,
En attendant que l'on sçaura
S'ils sont hommes, bestes ou femmes,
Ils sont tout ce qu'il vous plaira.
D.L.

MONSIEVR.
Representant vne Sultanne.

AMOVR ce Monarque indonté,
Depuis que de ces feux il m'enseigne l'vsage,
Me fait à tous propos selon sa volonté
Changer d'abit & de visage.

Le premier vainqueur d'Ilion,
Soûmis à son Esclaue, aprit en mesme eschole,
A despoüiller son corps de la peau du Lion,
 Pour vestir la robbe d'Iole.
  Vn iour pour tromper deux beaux yeux,
Le mary de Iunon d'vne amoureuse adresse,
Quita la Majesté du grand Maistre des Dieux,
 Et prit celle d'vne Déesse.
  Que i'aymerois ce vestement,
Si ie deuois gaigner en faisant la Sultane,
Ce qu'obtint Iupiter desguisé finement
 Sous la semblance de Diane.

      T.

Les Dames du Serrail.

 Quel destin menace nos iours
  D'vne nuict si prompte & soudaine,
Faut-il qu'à des plaisirs si courts
Succede vne si longue peine.
 En viuant nous allons mourir
Souz la garde de ces fantosmes,
Qui n'ont rien propre à nous guerir,
Pour n'auoir pas ce qu'ont les hommes.

Et ce qui croiſt noſtre trauail,
C'eſt que ces monſtres de nature,
Ont des clefs pour noſtre Serrail,
Mais non pas pour noſtre ſerrure.
 Si bien qu'il nous faut souſpirer,
Puis que ſans d'extrémes magies,
Ce mal doux deffend d'eſperer
Le bien de nous voir eſlargies.
IMBERT.

Ballets

BALLETS
DES BAILLIFS DE
Groenland & Frisland, &
Peuples du Nort.

IL semble que la place eſtant eſ-chapée des flames de la fureur & du rauage de tant de forcenées, ne ſçauroit mieux ouurir les bras qu'à la froideur du NORT, qui ayant enuoyé le Recit des regions froides de-uant ſes neiges & ſes glaces, introduit les BAILLIFS de GROENLAND & FRISLAND, accompagnez de leurs capriolleurs de loüage, qui en leurs pla-ces donnent de la teſte au plancher; car la couſtume du pays ne porte pas que les gens graues aillent à gambades: Ils diſent que la ieuneſſe en leur contrée court auſſi viſte que la mode en celle-cy. Si l'vne porte les années dans ſon porte-manteau, l'autre porte la diuerſité des habillemens dans ſa malle: Mais quoy? la mode va & reuient, & non pas les années : de ſorte

Recit du Nort & regions froides.

Ballet des Baillifs de Groenland & Friſlād.

H

que si ceste-cy plaist à l'assistance, l'on s'en pourra seruir sans financer.

Ces Ammitouflez precedent les HAVF-NAGVES & les HAVCRIQVANES, qui sont les tout chausses & tout pour-points, & dansent comme ils peuuent : Puis les GLISSEVRS & les GLISSEV-SES forment les figures de leur Ballet aussi gaillardement que leurs chausses fourrées & grands bustes rauigorent leur froide contenance. Ils sont peut-estre au bout de leur rollet; ce qui les rameine impatiemment à leurs poilles.

Ballet des tout chaus-ses & tout pourpoint.

Ballet des Glisseurs & Glisseu-ses.

Tandis les DAMOISEAVX GLA-CEZ, qui pretendent que la lueur des flambeaux leur seruira d'vne douce tiedeur contre la rigueur du climat qui les importune, dansent leur Ballet ; dont les figures sont aussi entreprises que les pas sont morfondus. Le bruit de ville est, que ces Damoiseaux furent tres-poupins & galans, portant peigne en poche & fer en cheuelure, moustache postiche r'atachée d'vn ruban incarnat en bas de soye gris de perle : Mais la rude saison qu'ils ont si sou-

Ballet des Damoi-seaux gla-cez.

uent mesprisée, se mocque de leur defunte galanterie, & les reduit à chercher dans la chaleur du charbon que le bon Vieillard leur apporte, vne plus vtile ardeur pour eux, que celle dont ils ont voulu autrefois tromper la Compagnie.

Vers

VERS DES BALLETS DV NORT,
& regions froides.
Par le Sieur BORDIER.

RECIT DV NORT,
& regions froides.

Oupan mepchico doulon,
Tartanilla Norueguén laton:
El bino fortan nil gonfongo,
Gan tourpin noubla rabon torbongo.

Pinfa zapaly noucan,
Britanu gogita moüefcan:
Vallaguino nordamidon,
Golgon midarman ninbolbodidon.

Les Baillifs de Gruenland & Frisland, suyuis des
Peuples & Couſtumes du pays.

Monſieur le Duc de Nemours, repreſentant le Baillif de Groenland.

IE ferois le deſſein de retourner en Trace
Pour y cueillir les fruicts d'vne guerriere audace,
N'eſtoit qu'aux pieds de Mars ie trouue icy l'Amour,
Qui du vent de ſes aiſles
Eſuente deux Soleils qui font naiſtre le iour
Et les roſes nouuelles.

Monſieur le Comte de Carmail, repreſentant le Baillif de Frisland.

BIen que tranſi de froid l'exercice m'appelle,
Mon cœur ambitieux
Ne conſent, ô Beautez, que ma glace dégelle
Qu'aux rayons de vos yeux.

RECVEIL DE VERS
de quelques beaux Esprits, qui ont trauaillé pour les particuliers.

Le Baillif de Groenland.

EN tout temps ie suis iuste & de facile accez,
Ie sers aux vertus de refuge;
Et ie suis cét excellent Iuge,
Qui sçait iuger de tout, excepté des procez.

Le Baillif de Frisland.

IE sçay mieux la chicannerie
Que tout le reste des humains:
Belles plaideuses, ie vous prie,
Mettez vos pieces en mes mains.
    Mais vainement ie vous propose
De vous seruir de mon sçauoir;
Vous gangnez, tousiours vostre cause,
Quelque bon droict qu'on puisse auoir.
DE L'ESTOILLE.

Les Haufnagues, ou les tout chausses.

Changez, si vous voulez, de mille habits diuers,
   Que les meilleurs fripiers ont dedans leurs bou-
      tiques ;
Il n'est rien de pareil à nos gregues antiques
   Pour faire la nique aux Hyuers.
Faisant ce vestement si iuste & si complet,
On mesprise la mode auec tout autre exemple ;
Et nos tailleurs expers nous l'ont rendu bien ample,
   Pour s'y fourrer iusqu'au collet.
Ne tenez plus iamais ces parolles pour fausses,
Que quand le froid reuient à son temps limité,
La chaleur va loger dedans les haut-de-chausses,
Ainsi qu'au trosne de l'Esté.

Les Haucriquanes ou les tout pourpoint.

NE vous estonnerez vous point
   De nostre forme si diuine ?
Si nostre habit est tout pourpoint,
Nostre corps n'est rien que poitrine :
   Car nostre nature demande
   Vne place qui soit bien grande.
   Et pour demeurer les vainqueurs
Dans tous les combats où nous sommes ;
Vn seul de nous a plus de cœurs
Qu'vne legion d'autres hommes.
                    SOREL.

Les Glisseurs & Glisseuses.

ESt-ce vn sujet de nous fascher,
De ne plus rencontrer de place
Qui ne soit couuerte de glace,
Et de ne pouuoir plus marcher?
   Si le bon Homere on doit croire,
En glissant nous auons la gloire
De cheminer comme les Dieux :
Leur pas est tout pareil au nostre ;
Ils peuuent aller en tous lieux,
Sans qu'ils mettent iamais leurs pieds l'vn deuant
   l'autre.   SOREL.

Les Damoiseaux glacez.   Aux Dames.

NOus venons des Zones glacées,
   Qu'en vain nous auons trauersées,
Pour esteindre le feu qui nous brusle si fort :
Dieux ! que les desseins sont friuoles,
Qui nous ont fait chercher aux glaces de ces Poles,
Ce qu'on ne peut trouuer qu'en celles de la mort.
   Beautez, chef-d'œuure de nature,
Qui riez voyant la froidure
De nos membres transis que la glace a perdus :
Songeant aux outrages passées,
Nous n'osons vous nommer des Amantes glacées,
De peur d'estre nommez des Amans morfondus.
                                         K

Dans ces climats inhabitables,
Souz ces habits peu conuenables,
Nous auons tous souffert vn froid si violent,
Qu'il n'est pas iusqu'à nos paroles,
Que l'extréme froideur qui regne en ces deux Poles,
N'ayt malgré nos ardeurs fait geler en parlant.

   Que si nous tremblons à ceste heure
Dans vne contrée meilleure,
Où tant de beaux Soleils vont nos maux soulageans:
Nous vous aduoürons sans contrainte
Que nostre tremblement procede bien de crainte,
Mais de celle d'amour plustost que des sergens.

   Nous craignons voyant nostre glace
Se fondre aux rais de vostre face,
Que nos discours glacez venans à dégeler,
Vous n'ayez bien tost cognoissance
Des secrets amoureux, dont en vostre presence
Le plus hardy de nous n'osa iamais parler.

IMBERT.

BALLETS
DV CACIQVE ET
Peuples d'Afrique, suiuis du grand Cam incogneu.

PErsonne ne doute qu'il n'y a celuy d'entre ces Enrumez, dont nous auons parlé, qui ne mette volontiers son office à pris, pour en acheter quelque meilleur en pays temperé : C'est pourquoy ils cedent sans replique à leurs contraires, qui se découurent lors que le Nez camus du Recit des Afriquains se monstre en teste d'vne escoüadre de Bazanez qui dansent deuant l'Elephant sur lequel le grand CACIQVE se presente à ses Peuples : Il cause en son ramage, & ses sujects luy répondent en si excellent jargon, que l'on n'entend ny les vns ny les autres. *Recit des Afriquains Ballet des Bazanez. Entrée du Cacique.*

Ceste entrée finie, vne troupe d'Afriquaines viennent attaquer les Afriquains auec leurs zagaïes ; mais les hommes qui *Ballet des Afriquains & Afriquaines.*

ne font que fur la deffenfiue, tiennent à gentilleffe le fouffrir, & toute la caballe du Cacique s'en retourne fur fes pas.

Entrée du grãd Cam incogneu. Cependant il faut noter que le grand CAM, bien qu'il foit de l'Afie, pour s'accommoder à la carauane des chameaux, ou pour arriuer incogneu en cefte contrée, fuit la pifte des Afriquains, fi bien trauefty & defguifé, que l'on n'a garde de le cognoiftre s'il ne leue le mafque : Au pis aller il ne fe picquera pas contre ceux qui le tiendront pour diffimulé; car il s'eft laiffé dire par les chemins que le fçauoir *Ballet des Tartares.* feindre eft vne piece de cabinet. Les Tartares qui fuiuent leur Chef, le conuïent à fe jetter en bas de fon chameau pour danfer en leur brigade; ce qu'il execute fi bizarrement, que ce Ballet emporteroit l'efchelle apres foy, s'il n'eftoit fuiuy par d'autres qui emportent la piece.

Vers

VERS DES BALLETS DE L'AFRIQVE.

Par le Sieur BORDIER.

Le Cacique sur son Elephant, représenté par le sieur Delfin, suiuy des Peuples & Coustumes d'Afrique.

RECIT.

E fais pleuuoir par tout la honte & le mal-heur,
Quand mon ambition fait tonner ma valeur
Pour immoler des Roys à l'autel de ma gloire:
Que pourroit contre moy l'audace des humains,
Puis que de Iupiter i'ay la foudre en mes mains,
Et que Mars cháque iour me doit vne victoire?
   Au fort de mon courroux, le sang & le trespas
Arrousent les Lauriers qui naissent souz mes pas,
Dont les moindres butins sont de riches Couronnes:

L

Ie pesche les Citez auec mes hameçons,
Et prens le fer au poing des Sceptres pour moissons
Que ie fais entasser à mes fieres Bellonnes.
 La terre qui pour moy brusle de passion,
Donne la carte blanche à mon ambition;
L'Ocean de ma gloire annonce les nouuelles :
L'Enfer que i'enrichis n'est sans me redouter;
Mais ie ne puis descendre, & jaloux de monter,
Si i'espargne le Ciel c'est par faute d'eschelles.

Les Afriquains, qui ont dansé selon l'ordre cy-apres.

MONSIEVR.

*B*Eautez, si l'humeur vagabonde
 Me fait errer par tout le monde;
Voicy d'où vient ma passion :
C'est qu'à l'esgal de mes merites,
L'Afrique, à mon ambition
Offroit des bornes trop petites.

Monsieur de Longueuille.

*I*E meure, ô merueilles des Cieux,
 Si le plus grand orgueil d'vne Dame Afriquaine,
Est propre deuant vos beaux yeux
Qu'à seruir de quaintaine.

Monsieur d'Elbeuf.

LEs ardeurs de la Canicule
Ont beau m'affliger nuict & iour,
Si ie dois mourir comme Hercule.
Ie veux brusler du feu d'Amour.

Monsieur le Grand Prieur.

YEux, qui donnez la paix quãd vous faites la guerre,
Et qui de vos beautez rendez les Dieux jaloux:
Ie viuois en Afrique ainsi que sur la terre;
Mais ie croy viure au Ciel que d'estre aupres de vous.

Monsieur le Commandeur de Souuray.

AMour que ie croyois vn Dieu sur vne pelle,
Et que par tãt de fois i'ay nõmé mon vainqueur,
Parce que le Soleil fait boüillir ma ceruelle;
Faut-il donc qu'vn bel œil face rostir mon cœur?

Le grand Cam, representé par Monsieur de Liancourt.

IE ne m'esloigne pas des fins de mon Empire,
Pour trouuer son pareil:
Mais c'est que ie desire
Brusler d'vn plus beau feu que celuy du Soleil.

RECVEIL DE VERS
de quelques beaux Esprits, qui ont trauaillé pour les particuliers.

Pour le grand Cacique.

Voicy ce grand astre des Roys
Dont les Ayeux tous pleins de gloire,
Ont fait de si dignes exploicts,
Qu'on en parle par tout excepté dans l'histoire.
DE L'ESTOILLE.

Le Cacique sur son Elephant, auec ses Bazanez.

IE crains qu'en voyant mon entrée,
Les Peuples de ceste contrée
N'outragent sans sujet mes Peuples bazanez:
Et qu'en mon superbe équipage,
Pour auoir beaucoup d'auantage,
Ma suitte n'ayt trop peu de nez.
Mais quoy? l'Elephant qui me porte
A bien vn nez de telle sorte,
Qu'il me peut garantir de honte & de soucy;
Puis qu'en l'excez de sa mesure,
Il en peut fournir sans vsure
Tous les camus qui sont icy.

I'eusse

J'eusse fait voir à ceste feste
Des asnes cornus par la teste,
Communs dans mon pays, bien qu'ailleurs incognus:
Mais par vn esprit prophetique,
J'ay sçeu qu'icy comme en Afrique,
On trouue assez d'asnes cornus. IMBERT.

MONSIEVR,
Representant vn Afriquain.

DE plus loin que les môts & que les bords de l'Onde,
Qu'on prenoit autrefois pour les bornes du Mõde,
J'ay trauersé des Mers pour m'offrir à vos yeux:
Ne me desdaignez pas pource que ie suis More,
   Car comme le fils de l'Aurore,
Bien que mõ teint soit noir, ie suis du sang des Dieux.
   Ma race est adorée aux deux bouts de la Terre,
Ie n'ay pour mes Ayeux que des foudres de guerre,
Dont l'esclat s'est fait voir aussi loin que le iour;
Et de qui le courage esgal à la naissance,
   N'a releué d'autre puissance,
Ny d'autre authorité que de celle d'Amour.
   Mais de quelque discours dont on sçache l'vsage,
Lors qu'vn esprit bien doux anime vn beau visage,
Il faut que de ses feux on se laisse alumer:

M

Et soit ceste auanture erreur ou maladie,
Quelque chose que l'on en die,
Celuy n'a point de cœur qui se deffend d'aymer.
Pour moy qui fais dessein de suiure les exemples
De ces Roys dont la vie a merité des Temples,
Ie me viens faire esclaue entre vos belles mains :
Et tiens à beaucoup d'heur que l'effort de vos charmes
M'oblige à vous rendre les armes,
Moy qui les puis oster au reste des humains.
Quoy que vostre rigueur à mes desirs prepare,
Ie trouue en ma deffaite vne gloire bien rare,
Et que ma destinée a de beaux accidens :
Puis qu'au moins les Soleils dont les diuines flames
Esclairent les yeux & les ames,
M'ont noircy par dehors & bruslé par dedans.

T.

Monsieur le Grand Prieur, representant vn Afriquain.

SONNET.

DE ces lieux où le chaut seiche la Terre & l'Onde,
De ces chãps où l'Hyuer ne fait iamis pleuuoir;
Le renom d'Vranie & l'honneur de la voir,
M'ont fait conduire icy ma barque vagabonde.

C'est la seule clarté que ie cognois au monde ;
Seulle elle fait les loix que ie veux recevoir :
Ses yeux sont les seuls Roys dont ie crains le pouuoir,
Et la seulle fortune où mon espoir se fonde.
 Ils tiennent pour iamais mon destin arresté,
Ie renonce à ces champs dont l'eternel Esté
Noircit nostre couleur de son ardeur extrême.
 Mais qu'esperoit mõ cœur, ou qu'est-ce qu'il a craint,
Le Soleil qu'il fuioit ne brusloit que mon teint ;
Et ceux qu'il a trouuez, le brusleront luy méme.
R.

Pour le grand Cam.

CE grand Cam iamais ne s'atriste
 Qu'il n'ayt quelque sorte d'ennuy,
 Aussi tout luy cede aujourd'huy,
Hors-mis tout ce qui luy resiste.
 Ce Prince accomply de tout point,
Aura place dans nos histoires,
Et des-ja l'on peint ses victoires
De couleurs que l'on ne voit point.
DE L'ESTOILLE.

Les Tartares.

Bien qu'on nous appelle Tartares,
Beautez, il ne faut pas penser
Que nous soyons quelques barbares
Qui viennent pour vous offencer:
 Aucune ardeur n'est dans nos ames,
 Que celle qui vient de nos flames.
Nostre esprit sanguinaire en est tout adoucy;
Et dans le martire où nous sommes,
De tant de passions qui possedent les hommes,
Nous n'auons que l'amour, la crainte & le soucy.
SOREL.

BALLETS
DES PEVPLES D'EVROPE,
deuant la Doüairiere de Billebahaut.

EN fin il n'est pas iuste que l'EVROPE demeure au bout de la plume, quand ce ne seroit que pour estre le centre des bons danseurs, & l'vnique giste de la DOVAIRIERE de BILLEBAHAVT, pour laquelle tant de diuerses troupes s'assemblent ; aussi l'on entend incontinent son Recit, qui precede vne descente de Grenadins, lesquels estans bannis d'Espagne, comme Mahommetans, viennent courir la France comme vagabonds : S'ils ont esté chassez de leur pays, ils viennent chasser vos ennuïs par la suitte de leur gentillesse ; leurs mulets de bagage parroissent chargez d'estuits & de drapeaux. Apres le corps de leur Ballet arriue, qui consiste en vieilles porteuses d'enfans sur l'espaule; en joüeurs de Guiterres, si merueilleux en leur art, que l'assemblée les admire ; en

Recit de l'Europe.
Ballet des Grenadins.

danseurs de sarabandes, dont la souplesse du corps, & la vistesse des pieds estonne les regardans ; & en bons chanteurs, qui enchantent les oreilles des assistans par la douceur des accens de leurs voix. Mais ceste bande lasse de danser, merite bien que l'hostellerie de Clamart leur soit ouerte, qu'ils y soient receuz, qu'on les repaisse, qu'ils se reposent, & le tout à credit; attendant le passe-port de leurs Majestez pour aller ailleurs : Aussi sont-ils benignement rencontrez par l'hoste & l'hostesse de Clamart, qui dansent en leur compagnie, les tenans pour compagnons auant que les cognoistre : mais gare la griffe, & que les Guiterres ne se changent en Harpes.

Entrée de l'hoste & l'hostesse de Clamart.

C'est à la queuë de tant de diuers Ballets que paroist la vraye DOVAIRIERE de BILLEBAHAVT : elle entre à ses propres frais & despens, gourmée d'vn poinct plus qu'il ne faut ; & se confiant en ses laides beautez, se mocque de la mode, & prise ses coustumes : Si ses pas sont mal arrestez, & ses figures incon-

Entrée de la Doüairiere de Billebahaut.

ftamment compaſſées; c'eſt qu'elle croit que la Conſtance eſt vne vieille Damoiſelle qui ne danſe nullement à la mode.

Les Donzelles qui la ſuiuent luy marchent ſur les talons, cherchant & ne trouuant pas la cadence des branſles de BOCCAN; & leur pas pluſtoſt de balle que de Ballet, teſmoignent qu'elles ont grand tort de venir eſtudier dans la Salle du Louure pour aller danſer ailleurs. *Recit des Donzelles auec la Doüairiere.*

Ces mignardes Donzelles ne ſont pas ſi toſt aſſiſes autour de leur maiſtreſſe que les impatiences du FANFAN de SOTTE-VILLE l'ameine en teſte de ſon Ballet: mais ſon geſte tres-contraint, & ſa mine reſoluë donne vne grace empruntée à ſes pretentions. Il ſe priſe comme naïf pour fuïr l'artifice qu'il ne cognoiſt point, & penſe que pour porter ſon eſpée à la droicte, il doit eſtre nommé le Fanfan Coup-d'eſpée. *Entrée du Fanfan de ſotte-ville.*

Les nobles Muguets qui l'aſſiſtent, manqueroient quelques-fois à la figure du Ballet, ſi leurs eſperons trop ſouuent embaraſſez parmy ceux de leur Capitaine, *Ballet des nobles Muguets auec le Fanfan.*

ne les entrenoit ou d'amour ou de force en leur place.

Grand Bal. Cependant les haubois, peut-eſtre mal d'accord auec les violons, conuïent par leurs chants à la vieille Gauloiſe, la DOVAIRIERE & le FANFAN, à commancer le grand Bal : ils ſont ſuiuis de leurs Donzelles & nobles Muguets ; là ils eſtallent non ſeulement ce qu'ils ont appris ſoubs l'orme, mais encore vne marchandiſe de rire, qui ſera à aſſez bon marché, ſi la foulle & la preſſe n'y met ſon enchere.

Corps de Muſique. Mais le corps de Muſique qui arriue, merite bien que ceux à qui il chatoüille les oreilles ne le preſſe point des pieds :

Grand Ballet. Et le GRAND BALLET qui vient apres a beſoin d'vne belle place, afin que la nouuelle inuention, dont il eſt tiſſu, puiſſe librement repaiſtre les dégouſtez, & contenter les fantaſques.

Vers

VERS
DES BALLETS
DE L'EVROPE,
& de la Doüairiere de Billebahaut.

Par le Sieur BORDIER.

Les *Musiciens de Grenade.*

RECIT.

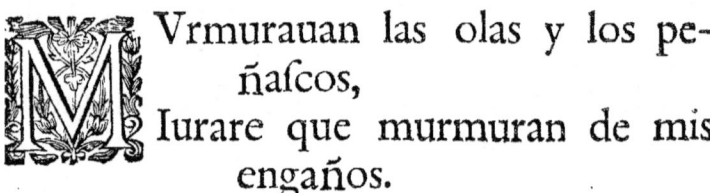Vrmurauan las olas y los peñascos,
Iurare que murmuran de mis engaños.

A la orilla del Tormes sale Belisa,
Y las flores se alegran por que las pisa.

O

Les Grenadins joüeurs de Guiterre.

LE ROY.

IE suis vn Amant de campagne,
Qui porte vn front victorieux
Pour faire l'amour à l'Espagne:
Est-il dessein plus glorieux?

Monsieur le Grand Prieur.

IE sers le Soleil des beautez,
Mais, ô mal-heur, ses cruautez,
Ne me destinent qu'au suplice;
Et ses beaux yeux qui sont mes Roys,
Veulent en l'amoureux office
Que ie porte tousiours ma croix.

Monsieur le Premier.

MA gloire ne fait que de naistre;
Mais certe il faut l'aduoüer:
I'apprens des mains d'vn si bon maistre
Que ie ne puis que bien joüer.

Les Grenadins danseurs de Sarabande.

Monsieur le Comte d'Harcourt,

MA souplesse aujourd'huy se met en éuidence:
Mais ne vous trompez pas, si ie suis à la Cour
Damoiseau pour la danse,
J'y suis Mars pour l'Amour.

Monsieur le Commandeur de Souuray.

QVe ma fortune est grãde en l'esprit des humains,
Les supresmes danseurs m'offrent vn diadesme:
Mais ie veux, ô Beautez, le prendre de vos mains;
Si i'ay le pied friand, le reste va de mesme.

Vn Musicien de Grenade, representé par Monsieur le Marquis de Mortemar.

DAns le choix des beaux chants, si ie fais des merueilles,
Cloris, c'est pour l'amour de vous;
Mais sçachez que ma voix qui charme les oreilles,
N'est pas ce que i'ay de plus doux.

L'Hoste de la ville de Clamart, representé par Monsieur de Liancourt.

LEs diuines Beautez viennent loger chez moy
Pour boire le Nectar, & manger l'Ambrosie:
Logez y donc Phillis, & ie iure ma foy,
Que ie ne veux de vous rien que la courtoisie.

LA DOVAIRIERE
de Billebahaut.

RECIT.

IL est vray, mes beautez seroient dignes de blâme
Si ie manquois de foy,
Pour appaiser la flame
D'vn demy-Dieu qui souspire pour moy.

Amour en sa faueur tousiours me sollicite,
Et me veut soustenir
Qu'il a tant de merite,
Que du deffunct i'en pers le souuenir.

En fin voicy le terme & l'heureuse iournée
Que ie puis faire choix,
D'vn second hymenée
Parmy la fleur des Princes & des Roys.

L'Amou-

L'Amoureux de la Doüairiere, representé par le Sieur Maresse.

AMant defesperé que l'extréme rigueur
D'vn chef d'œuure des Cieux fait mourir en lan-
Ie viens en ceste Cour des regnes de l'Aurore, (gueur;
Pour trouuer dans le Louure & dans Fontainebeleau,
Quelque lieu qui soit propre à loger le tableau
De l'object que i'adore.

La beauté, qui pleurant sur le sang d'Adonis.
Vit les mespris de Mars cruellement punis;
Obtient sur tous les Dieux aysement la victoire:
Mais celle que ie sers a bien d'autres appas,
Et ie luy ferois tort de ne vous traçer pas
Quelques traicts de sa gloire.

Elle a dans châque bras vne fosse à noyaux;
Vne meutte de chiens jappe dans ses boyaux;
Son esprit en Amour est vn vieil protocolle:
Et sans rien desguiser son visage est vn plat,
Où pour charmer les cœurs ses beaux yeux ont l'esclat
De prunes de brignolle,

P

DERNIER RECIT DV CORPS
de la Musique, qui vient auparauant le
grand Ballet, & dont les parolles
ont esté accommodées à
l'Air qui estoit fait.

AVX REYNES.

Grandes Reynes, dont les yeux captiuent les Roys,
Les voicy, qui d'vn iuste choix
Apres mainte victoire,
N'aspirent qu'à la gloire
D'embrasser vos Loix.

 Ces Monarques si fameux en la voix de tous,
Et de leur grandeur si jaloux;
Viennent tant ils sont braues,
En qualité d'esclaues
Mourir pres de vous.
BORDIER.

RECVEIL DE VERS
de quelques beaux Esprits, qui ont
trauaillé pour les particuliers.

La descente des Grenadins.

Chassez de nostre propre terre
Par les cruautez de la guerre,
Nous trouuons en la tienne vn sejour plus humain:
Clamart & son Bourgeois, fameux en ceste ville,
Nous offre vn fauorable azille
Dans le fauxbourg de sainct Germain.

 Par tout où le destin nous meine,
Nous viuons sans beaucoup de peine,
Faisant souuent grand chere & à bien peu de cousts:
L'inuention n'en est pas sotte,
Nous ne contons iamais sans l'hoste,
Bien qu'il conte souuent sans nous.

 Sortant de quelque hostellerie,
Si l'hoste par gallanterie
Nous demande payement du viure ou du sejour:
Pour rabattre vn peu de sa ioye,
Nous luy demandons la monnoye
D'vne gambade ou d'vn bon iour.

Si pour responce à sa demande
On luy donne vne sarabande,
C'est tout ce qu'il obtient pour ce qu'il a donné :
Ainsi par ces façons heureuses,
Nous payons de viandes creuses
Celles dont nous auons disné.

Auec tous ces tours de souplesse,
En prenant congé de l'hostesse,
Nous luy donnons celuy de rire ou de crier :
Croyants commettre vn sacrilege,
Si nous rompions le priuilege,
De loger par tout sans payer.

Parmy nostre ioyeuse bande,
L'on sçait danser la sarabande ;
L'autre excrime des doigts d'vn dextre mouuement :
Et bien que nous portions la Guiterre en escharpe,
Nous joüons tous mieux de la Harpe,
Que non pas de cét instrument.

IMBERT.

Autres Vers pour les Grenadins.

COntre l'Espagnol dont l'audace
Sçait bien qu'elle est nostre vertu ;
Nous auons si bien combatu,
Qu'il nous a fait quitter la place.

Pour

Pour flatter vn peu les tristesses
Que nous donne vn mauuais destin,
Nous beuuons & soir & matin
A la santé de nos maistresses.

Dedans **Clamart** *tout nous oblige*
A prendre du contentement ;
Et dans ce beau lieu seulement
La mort du credit nous afflige.

Apres auoir vuidé nos verres,
Nous disons de bonnes chansons,
Pour charmer l'hoste & ses garçons
Auec nos voix, & nos guiterres.

Mais par musique, ny parolles
Ces gens là ne se gaignent plus ;
Et n'ayment point le son des luths,
S'il n'est joinct au son des pistolles.

C'est en vain qu'à trousser bagage
Chácun de nous est diligent ;
Sans des nippes, ou de l'argent,
Il faut demeurer là pour gage.

Grand **LOVYS** *que le Ciel admire,*
Regarde en pitié nostre ennuy,
Et puisse-tu vaincre celuy,
Qui nous a volé nostre Empire.

DE L'ESTOILLE.

Q

Chanson d'vn Grenadin, estant dans l'hostellerie de Clamart.

Qve i'ayme en tout temps la tauerne !
Que librement ie m'y gouuerne ;
Elle n'a rien d'esgal à soy :
I'y voy tout ce que i'y demande,
Et les torchons y sont pour moy
Tous faits de toille de Hollande.

Durant que le chaud nous outrage,
On ne trouue point de boccage,
Agreable & frais comme elle est ;
Et quand la froidure m'y meine,
Vn malheureux fagot m'y plaist
Plus que tout le bois de Vincenne.

I'y trouue à souhait toutes choses,
Les chardons m'y semblent des roses,
Et les tripes des ortolans :
L'on n'y combat iamais qu'au verre,
Les cabarets & les brelans
Sont les paradis de la terre.

C'est Bacchus que nous deuons suiure,
Le nectar dont il nous enyure
A ie ne sçay quoy de diuin :
Et quiconque a ceste loüange

D'eſtre homme ſans boire du vin ;
S'il en beuuoit il ſeroit Ange.

 Le vin me rit, ie le careſſe ;
C'eſt luy qui bannit ma triſteſſe,
Et reſueille tous mes eſprits :
Nous nous aymons de meſme ſorte ;
Ie le prens, apres i'en ſuis pris ;
Ie le porte, & puis il m'emporte.

 Quand i'ay mis carte deſſus pinte,
Ie ſuis guay, l'oreille me tinte ;
Ie recule au lieu d'auancer :
Auec le premier ie me frotte ;
Et ie fais ſans ſçauoir danſer,
De beaux entrechats dans la crotte.

 Pour moy iuſqu'à tant que ie meure,
Ie veux que le vin blanc demeure,
Auec le clairet dans mon corps,
Pourueu que la paix les aſſemble ;
Car ie les ietteray dehors,
S'ils ne s'accordent bien enſemble :

DE L'ESTOILLE.

La Doüairiere de Billebahaut.

Grand Roy, que l'vniuers admire,
Ie viens monstrer en ton Empire,
Des attraits admirez des hommes & des Dieux ;
Et faire aduoüer à l'enuie,
Que si l'on doit perdre la vie,
On la doit perdre pour mes yeux.

   L'Astre qui porte la lumiere
Lors qu'il commence sa carriere,
Commence à ressentir vn extréme tourment :
Et voyant que ie le surmonte,
Il rougit aussi-tost de honte,
S'il ne pallit d'estonnement.

   L'Amour au recit de mes charmes,
Sans vser son bras ny ses armes,
Fait reconnoistre aux sourds ses miracles diuins :
Et des traicts dont ie suis pourueuë,
Donne à toute heure par la veuë,
Dedans l'ame des Quinze-vingts.

   Les feux que mon bel œil enferre,
Auroient desia bruslé la terre,
Aussi bien que les cœurs qui luy sont destinez ;
Si les Dieux pleins de vigilance,
N'opposoient à leur violence,
Les eaux qui me coulent du nez.

Voyez

Voyez comme les plus grands *Princes*,
Hazardant pour moy leurs *Prouinces*,
Vont à mille perils eux-mesmes s'hazarder :
Mais c'est vainement qu'ils souspirent,
Comme en vain que tous ils aspirent,
Au bien qu'vn seul doit posseder.

 Le beau Fanfan de Sotte-ville,
Fait que leur peine est inutile,
Qu'ayant peu les blesser ie ne puis les guerir :
Ces yeux qu'Amour m'oblige à suiure,
Sont les Dieux pour qui ie veux viure,
Et ceux pour qui ie veux mourir.

 Beaux yeux qui n'espargnez personne,
Qu'vne glux fatalle enuironne,
Où mon cœur arresté n'a peu iamais sortir :
L'Amour captif dans vos prunelles,
A si fort englué ses aisles,
Qu'il ne pretend plus d'en partir.

 Que si iamais il en eschape,
Asseurez vous que ie l'attrape :
Et que pour arrester ce volage vainqueur,
Sortant d'vne prison si rare,
Luy mesme vne autre il se prepare,
Ou dans mes yeux, ou dans mon cœur.

IMBERT.

R

Le Fanfan de Sotte-ville.

Seul astre des Roys & des Princes,
Qui faictes voir en vos Prouinces,
Ce qu'on croit n'estre veu qu'aux Cieux :
Ie viens pour charmer vos oreilles
Du recit des douces merueilles,
Qui m'ont charmé l'ame & les yeux.

  L'object pour qui mon cœur souspire,
Non plus que vous dans vostre Empire,
Ne trouue icy rien de pareil :
Le Soleil ne sort plus de l'Onde
A dessein d'estre veu du monde,
Mais d'y voir ce diuin Soleil.

  Ie ne diray point que ses charmes
A l'Amour fournissent les armes,
Dont il fait tant d'exploicts si beaux :
Mais sans flatter i'oze bien dire
Que ses yeux ont assez de cire,
Pour fournir ce Dieu de flambeaux.

  Ce n'est point à tort que i'appelle
Les yeux diuins de ceste Belle,
Mes Rois, mes Princes amoureux :
Puis que pour nous donner des marques
Comme ils sont, & Rois & Monarques,
Ils portent le pourpre comme eux.

C'est dans ses yeux que l'escarlatte
Beaucoup plus viuement esclatte,
Que sur le dos des Presidens:
Et où Cupidon qui n'en bouge,
Passe souuent pour Enfant rouge,
Aux yeux fantasques des Pedans.

Si quelqu'vn voyant ce bel Astre
Ne peut se resoudre au desastre,
Où Phaëton fut destiné:
Il faut au moins qu'il se prepare
A mourir, noyé comme Icare,
Dans les roupies de son né.   IMBERT.

Dialogue de la Doüairiere de Billebahaut, & de son Fanfan de Sotte-ville.

La Doüairiere.

Que l'on doit bien craindre mes coups ;
Est-il rien que ie n'emprisonne ?

Le Fanfan.

Certe tous vos traits sont si doux,
Qu'ils n'ont iamais blessé personne.

La Doüairiere.

L'on doit m'aymer vniquement,
Car ie suis parfaitement belle.

Le Fanfan.

Vos feux m'eschauffent tellement,
Que ie n'ay froid que quand il gelle.

La Doüairiere.

Ie ne veux plus cherir que vous;
Mais gardez-bien de me desplaire.

Le Fanfan.

Lors que ie seray vostre espoux
Ie n'ay garde de vous rien faire.

La Doüairiere.

Vostre voix rauit tous les sourds;
On se meurt quand on vous escoute.

Le Fanfan.

Vos beaux yeux où sont tant d'amours
Charment ceux qui ne voyent goute.

La Doüairiere.

I'ay pour vous vne passion,
Qui ne peut auoir de seconde.

Le Fanfan.

I'ay pour vous vne affection,
Que ie n'ay que pour tout le monde.

La Doüairiere.

Vous auez rauy dans la Cour
Ceux qu'on n'y vit iamais parestre.

Le Fanfan.

Vous auez fait mourir d'amour
Tous les hommes qui sont à naistre.

DE L'ESTOILLE.

FIN.

www.ingramcontent.com/pod-product-compliance
Lightning Source LLC
LaVergne TN
LVHW021725080426
835510LV00010B/1138